FÊTE DU COURONNEMENT

DE L'IMAGE

DE NOTRE-DAME D'AVÉNIÈRES

FÊTE

DU

COURONNEMENT

DE L'IMAGE

DE

NOTRE-DAME D'AVÉNIÈRES

LAVAL

Typographie de H. Godbert, imprimeur-libraire

DE MONSEIGNEUR L'ÉVÊQUE

1860

Fête du Couronnement

DE L'IMAGE

DE NOTRE-DAME D'AVÉNIÈRES

I.

L'usage de couronner les Images des saints et saintes qui sont l'objet d'une vénération particulière est très ancien dans l'Eglise ; il remonte aux premiers siècles de l'ère chrétienne. Néanmoins on ne couronne d'ordinaire avec solennité que les Images de la Sainte-Vierge et de son divin Fils.

La faveur d'un Couronnement, distinction

précieuse qui relève dans l'estime des populations les sanctuaires qui en sont l'objet, avait été accordée par Rome, depuis quelques années, à plusieurs pélerinages français. Mgr l'Evêque de Laval, en 1859, lors d'un voyage *ad limina*, obtint directement du Très-Saint-Père et Pontife Pie IX cette marque d'honneur pour l'antique statue de Notre-Dame d'Avénières.

Au retour, dans une lettre pastorale du 16 avril de la même année, l'heureuse nouvelle fut annoncée aux fidèles dont la piété l'accueillit avec la plus vive reconnaissance pour le Pape qui l'accordait et pour le Pontife qui l'avait obtenue. La restauration de l'église d'Avénières était commencée, de nombreuses offrandes vinrent permettre de la hâter, et, après une année de travaux actifs, elle se trouva prête pour la cérémonie. Le jour de la fête fut fixé par Mgr Wicart, dans sa lettre pastorale du 18 mars 1860 ; Sa Grandeur publiait en même temps le décret Apostolique, en vertu duquel elle devait s'effectuer, et les Indulgences accordées à cette occasion. Pie IX concédait une Indulgence plénière à gagner, soit le jour même du Couronnement, soit l'un des jours de l'octave suivante.

On s'occupa dès-lors de préparer la grande manifestation. M. Vincent, vicaire-général, fut chargé d'en régler tous les détails. L'élan des habitants de Laval rendit facile la tâche des ecclésiastiques désignés pour s'occuper de la décoration générale. Les plus pauvres voulurent apporter leur obole à la quête qui fut faite pour cet objet.

II.

Le 8 mai, à midi, toutes les cloches des églises de Laval et d'Avénières annoncèrent la fête du lendemain. Déjà étaient arrivés à Laval les vénérables prélats qui, sur l'invitation de notre Evêque, s'étaient empressés d'y venir prendre part et devaient par leur présence en rehausser l'éclat. Les cloches et le bourdon de la Cathédrale avaient salué à son arrivée Mgr l'Archevêque métropolitain.

Vers le soir, le clergé d'Avénières apporta à Laval la Statue vénérée que l'on devait le lendemain solennellement reconduire à son sanctuaire. A la porte de la Cathédrale, M. le Curé d'Avénières adressa une allocution au Chapitre qui avait à sa tête M. Vincent, vicaire général, doyen. Celui-ci répondit ; mais la remise de la statue ne se fit pas encore. Avant de s'en dessaisir, M. le Curé et M. le Maire d'Avénières voulurent qu'un procès-verbal fût dressé, constatant que l'antique Image était confiée au Chapitre, lequel la restituerait le lendemain, et ce, sans préjudicier aux droits de l'église d'Avénières d'où ladite Image n'avait jamais été extraite jusqu'ici. Le procès-verbal fut signé, —scène digne du moyen-âge,— en présence de tous les contractants et d'un très-grand nombre d'habitants d'Avénières qui avaient accompagné leur patronne, jaloux et presque inquiets. Alors le Chapitre reçut avec honneur la Statue de Notre-Dame et la plaça sur un autel grandiose élevé au haut de la nef en chantant l'hymne : *Ave maris stella.*

Pendant la soirée et la matinée du jour suivant elle ne cessa d'être entourée des habitants de Laval, empressés de venir la visiter dans leur propre église qu'elle devait sitôt quitter. Plusieurs même avaient sollicité la faveur de passer la nuit devant Elle, faveur qui n'avait pu leur être accordée.

III.

Le lendemain, 9 mai, la fête fut belle, grande, complète, accompagnée de ce concours et de cet élan du peuple qui n'est plus l'agitation de la curiosité ou la recherche d'un plaisir futile, mais l'enthousiasme de sentiments profonds et la manifestation de la foi.

Aux beaux jours qui favorisèrent les premiers préparatifs, la pluie avait succédé ; mais le zèle ne s'était pas ralenti. Les places, les rues, les maisons étaient splendidement décorées sur tout le passage du cortège. On voulait espérer que Marie concourrait à la magnificence de sa fête ; malgré la chaleur orageuse et les sombres nuages qui couvraient le ciel, on voulait compter sur le beau temps. Le désir populaire fut presqu'exaucé ; la procession commença sans pluie; mais une assez forte ondée vint attrister la cérémonie au moment où l'on pénétrait sur le territoire de la paroisse d'Avénières. Comme le disent nos paysans : la bonne Vierge a pleuré. Tant de sujets de douleur affligent de nos jours son cœur de mère !

A deux heures, tout le Clergé se réunit à la Cathédrale, où les Prélats ne tardèrent pas à se rendre, accompagnés du vénérable Chapitre et précédés de la musique du Lycée de Laval. On commença le chant des Litanies et le cortège se mit en marche.

Association des ouvriers de Saint-François-Xavier, enfants des Asiles, élèves des Ecoles chrétiennes, enfants de l'Hospice Saint-Louis ; apprentis patronnés par les Conférences de Saint-Vincent-de-Paul ; membres de l'Association de la jeunesse chrétienne de Notre-Dame-de-Beauregard ; Confrérie du Rosaire ; Association de la Bonne-Mort; Conférences de Saint-Vincent-de-Paul du Diocèse ; Sœurs des Pauvres, de l'Espérance, de la Miséricorde et d'Evron. Au milieu de ses lignes, chaque Association portait sa bannière, des statues et des emblèmes ; les enfants vêtus de blanc tenaient en main des oriflammes et des banderolles. Venaient ensuite les longues files du Clergé composées de plus de quatre cents prêtres en surplis, puis les ecclésiastiques en dalmatiques et en chapes; enfin les chanoines étrangers et ceux de Laval. Entre leurs rangs étaient portées par des prêtres, accompagnées de flambeaux et d'oriflammes, toutes les Reliques des églises de Laval. Un chanoine de Laval en chape portait la Couronne sur un coussin de velours. Ensuite c'était la Statue vénérée, placée sur un brancard et vêtue d'un éclatant manteau d'or; elle était portée par quatre doyens et accompagnée de quatre chanoines.

Après elle venaient les Prélats :

Le R. P. Abbé de la Trappe-du-Port-du-Salut près Laval, accompagné de deux de ses religieux.

Mgr Félix Coquereau, protonotaire apostolique, chanoine de Saint-Denis et aumônier en chef de la flotte, assisté de M. Broussin, chanoine de Laval, et de M. l'abbé Laine, aumônier de l'Empereur et chanoine de Saint-Denis.

Puis les Evêques, Nosseigneurs :

Nanquette, évêque du Mans, assisté de MM. Bruneau et Cartereau, ses vicaires généraux.

Jacquemet, évêque de Nantes, assisté de MM. Laborde, vicaire général, et de la Guibourgère.

Rousselet, évêque de Séez, assisté de MM. Lebacheur, vicaire général, et Favrole, chanoine de Laval.

Angebault, évêque d'Angers, assisté de MM. Chesnel, chanoine d'Angers, et Gerault, archiprêtre de Saint-Vénérand, vicaire général.

Wicart, évêque de Laval, assisté de MM. Davost, archiprêtre de la Cathédrale, vicaire général, et Véron, vicaire général de Laval et de Paris et promoteur de ce dernier diocèse.

Guibert, archevêque de Tours, assisté de MM. Wicart, vicaire général de Laval, et Bonnaud, chanoine de Tours.

La croix archiépiscopale précédait l'Archevêque métropolitain. Tous les Prélats portaient la crosse et la mître.

NN. SS. les Evêques de Périgueux et de Saint-Claude, tous deux nés dans le Diocèse de Laval, n'avaient pu assister à la cérémonie, non plus que Mgr l'Archevêque de Rennes, retenu par les obsèques de Mgr de la Motte-Vauvert. Plusieurs autres Evêques encore avaient fait espérer leur présence que des obstacles imprévus ont seuls empêchée. Laval, depuis la translation des reliques de Saint-Iomède, n'avait pas vu réuni dans ses murs un si grand nombre de Pontifes; tous étaient reconnaissants pour ces zélés Prélats qui avaient bien voulu quitter pour nous un moment leurs Diocèses, prêter leur concours à notre fête, et nous édifier pendant leur trop court séjour au milieu de nous. Les Evêques étaient suivis par M. le Maire de Laval en grand costume, accompagné de ses Adjoints, du Conseil municipal de Laval et des membres des Fabriques.

Les places de la ville étaient dédiées à la Sainte-Vierge sous quelqu'un des noms que lui donne l'Eglise. Sur la place du Palais où le 21 janvier 1794 vit mourir sur l'échafaud quatorze prêtres fidèles, se dressait un gigantesque obélisque avec cette inscription *Regina Martyrum, o. p. n.* Au sortir de la paroisse de Notre-Dame de Laval, qui est affiliée au sanctuaire franciscain de Notre-Dame-des-Anges et jouit du privilège de la Portioncule, un élégant édifice de style ogival était consacré à la Reine des Anges. Ailleurs c'était un frais jardin orné de la statue de Marie, *hortus conclusus;* près de la Cathédrale, la Reine de tous les Saints... En d'autres endroits, des portes triomphales de styles divers et gracieux variaient la décoration. On admirait l'ensemble harmonieux de l'ornementation de la rue Joinville. Elle se composait de colonnettes surmontées de vases de fleurs, desquels s'élançaient des mâts terminés par des oriflammes et que des guirlandes de verdure reliaient les uns aux autres. On remarquait aussi celle de la rue d'Avénières, où des banderolles blanches et bleues portaient inscrites les strophes de l'*Ave maris stella* et les invocations des Litanies. La rue Marmoreau avait été décorée par ses habitants avec une grâce qui mérite une mention spéciale. Nos concitoyens avaient été inspirés dans le choix des devises par leur piété, les grâces reçues ou les faveurs désirées : *Virgo potens*, *Salus infirmorum, Consolatrix afflictorum.* Beaucoup d'entr'eux aussi n'oubliaient pas à qui le diocèse était redevable de l'honneur de ce jour, et voulaient montrer leurs sentiments d'amour et de gratitude pour le Souverain-Pontife et pour leur évêque, en accolant leurs armoiries aux emblêmes de la Reine du Ciel. Au-dessous d'un portrait de Pie IX, nous avons remarqué ce mot : *Espérance*. Il n'était si pauvre fenêtre qui ne portât une marque d'amour pour Marie. Mais ce qu'il y avait de vraiment beau à voir, c'était la décoration vivante, cette foule qui, depuis la veille, arrivant par tous les chemins, bordait toutes les rues, s'étendait sur les places ; c'étaient ces visages heureux sur lesquels se reflétaient les meilleurs et les plus sympathiques sentiments du cœur.

L'Église d'Avénières devait être trop petite pour recevoir cette foule immense qui se joignait à la population de la ville et se pressait avec elle sur tout le passage du cortège. Le R. P. Lavigne appelé pour prêter un accent et une voix à cette fête déjà si éloquente, voulut adresser à cette foule, en plein air, au moins quelques paroles. La procession tout entière s'arrêta sur la place de l'Hôtel-de-Ville et se massa autour de la chaire de l'orateur, resserrée par une multitude qu'on peut évaluer à 5 ou 6 mille personnes. L'Hôtel-de-Ville décoré avec un goût exquis par M. l'architecte municipal faisait le fond du tableau ; au haut des marches et sous les arcades du péristyle les prélats étaient majestueusement assis. Le P. Lavigne se borna à résumer les sentiments de tous ; à deux reprises, sur son invitation, la foule salua Marie de ses acclamations unanimes.

IV.

On reprit le chemin d'Avénières aux chants du clergé et au son des musiques du Lycée de Laval et du collège de Château-Gontier. Partout la multitude qui bordait les rues se découvrait et s'inclinait respectueusement devant la sainte Image et sous les mains bénissantes des six évêques.

Au moment où l'antique Statue de Marie rentra dans son sanctuaire béni, transformé et décoré avec tout le goût qu'on pouvait attendre des hommes intelligents qui l'ont restauré, les accents d'un orchestre nombreux la saluèrent.

Alors le P. Lavigne monta en chaire pour la seconde fois.

L'éloquent orateur fit considérer à son auditoire la haute signification des grandes manifestations catholiques dont nos jours sont témoins. « Quand les peuples se réveillent tout-à-coup sous l'inspiration d'une grande pensée, c'est Dieu qui les émeut et les soulève ». Cet ébranlement des peuples a suivi ou accompagné la promulgation du dogme de l'Immaculée-Conception. Des jours de prospérité ont été promis aux peuples et à l'Eglise ; mais l'accomplissement des promesses dépend des dispositions des peuples. Ces manifestations préparent donc l'exécution des promesses...... Marie ne peut se laisser vaincre en générosité....... Et puis l'unité tend à se consommer. Les penseurs catholiques saluent depuis un demi-siècle les merveilles de l'avenir...... En proclamant l'Immaculée-Conception de Marie, le pontife suprême a été comme l'ange envoyé de Dieu pour lui annoncer une seconde maternité. Comme Gabriel, il a proclamé sa pureté sans taches..... Il a pu ajouter avec l'archange *concipies et paries*, vous enfanterez de nouveau l'humanité...... et les générations ont tressailli, elles se pressent autour des autels de Marie...... le *fiat* créateur sera encore une fois prononcé........

L'orateur revint ensuite à la manifestation présente, au sanctuaire qui en était l'objet. Il dit son antiquité, l'affluence des pélerins des anciens âges, la munificence de Marie...... Il rappela que ce même temple avait vu promulguer le dogme de l'Immaculée-Conception, par un pontife récemment accordé à nos contrées et qui vint commencer ici sa laborieuse mission en se consacrant ainsi que son jeune diocèse à la Vierge puissante et fidèle.

M. Vincent, premier vicaire général, donna alors lecture du bref apostolique, déléguant Mgr l'Evêque de Laval pour couronner l'image d'Avénières au nom de Pie IX, et promulguant les indulgences. Voici la traduction de ce décret :

PIE IX, PAPE.

A tous les Fidèles en Jésus-Christ qui les présentes verront, Salut et Bénédiction Apostolique. Tout ce qui est destiné et qui paraît propre à exciter l'amour des fidèles envers la sainte et immaculée Mère de Dieu, Nous le faisons toujours avec empressement et plaisir. Car Nous avons l'espérance et la certitude que la Bienheureuse Vierge, touchée des vœux et des prières de ses serviteurs, obtient du divin Rédempteur du genre humain, son Fils, pardon et bienfaits pour les peuples chrétiens. Or, il Nous a été rapporté qu'aux abords de la ville de Laval, récemment décorée par Nous du titre et des honneurs de Cité Episcopale, existe une église paroissiale sous le nom de Notre-Dame d'Avénières, recommandable à beaucoup d'égards. Il résulte en effet des documents qui Nous ont été soumis, que, fondée par la pieuse munificence des fidèles depuis des siècles, et souvent restaurée, elle a été en outre enrichie, par ce Saint-Siége Apostolique, des célestes trésors que dispense l'Eglise. D'où il est arrivé qu'un très-grand concours de fidèles s'est constamment fait, même de loin, dans ce sanctuaire, avec beaucoup de respect et de religion envers la sainte image qu'on y honore. C'est pourquoi notre Vénérable Frère l'Evêque actuel de Laval, en vue d'augmenter encore cet amour et cette vénération des fidèles envers la Bienheureuse Vierge et Immaculée Mère de Dieu, a vivement sollicité de Nous la faculté de couronner en Notre Nom ladite image ou statue vénérée dans cette église. Accueillant donc ses prières avec une entière bienveillance, Nous conférons par les présentes à notre Vénérable Frère l'Evêque actuel de Laval le pouvoir, pour le jour dont il aura fait choix, de poser au front de la susdite image de la très-sainte Vierge la couronne qu'il aura dû auparavant bénir. Et en même temps Nous accordons miséricordieusement en Notre-Seigneur, à tous les fidèles de l'un et de l'autre sexe, qui, vraiment pénitents, s'étant confessés et ayant communié, visiteront pieusement, soit en ce même jour, soit l'un des sept jours suivants, à leur choix, l'église susnommée, et y prieront pour la concorde des princes chrétiens, pour l'extirpation des hérésies et l'exaltation de la sainte Mère l'Église, indulgence plénière et rémission de tous leurs péchés, dont ils pourront même appliquer le fruit, par manière de suffrage, aux âmes des fidèles décédés dans la paix du Seigneur. Les présentes n'étant cependant valables que pour cette fois. Donné à Rome, près Saint-Pierre, sous l'anneau du Pêcheur, le 18 mars 1859, treizième année de notre Pontificat.

P. D. Card. Macchi.

J. B. Brancaleoni Castellani Sub.

Cette lecture fut suivie de la bénédiction de la couronne faite par Mgr Wicart selon le cérémonial accoutumé. Mgr entonna ensuite le *Regina cœli* qui fut poursuivi par un chœur nombreux de chanteurs accompagné par l'orchestre.

V.

Mgr monta alors aux gracieuses galeries qui avaient été construites à la hauteur du *triforium* afin de lui permettre d'approcher de la sainte Image.

Avant de couronner la sainte Image Mgr l'Evêque de Laval prononça l'allocution suivante :

« MESSEIGNEURS,

« MESSIEURS ET TRÈS CHERS FRÈRES,

« Au nom et par délégation expresse de Notre très-saint, très-aimé, hélas ! et si douloureusement éprouvé Père et Pontife Pie IX ; interprète aussi des sentiments de ce digne clergé, accouru de toutes parts en si grand nombre, organe de cette bonne et religieuse cité de Laval et du Diocèse entier, consacré dès son origine, avec l'approbation Apostolique, à Marie Immaculée, Nous allons poser ce diadême d'honneur et d'amour au front de l'image vénérée de Notre-Dame d'Avénières. Mais vous, si vous avez des hommages personnels à offrir, si vous avez des besoins, des intérêts particuliers, présents ou à venir, intérêts de paroisse, intérêts de famille, intérêts spirituels surtout, n'hésitez point, Nos très chers frères, déposez-les avec confiance devant la sainte Image, faites-les monter au plus haut des Cieux, jusqu'à la douce Majesté de Celle qui réside si près de Dieu, et à qui rien ne fut jamais refusé. Confiance ! nul aujourd'hui, nul jamais ne sera confondu dans une juste et religieuse demande.

« Oui, ô Marie ! un diadême à votre front, et tous les cœurs, toutes les espérances à vos pieds ! Souveraine de la terre et des Cieux, Reine des Anges et des hommes, Vierge des vierges, Femme élue entre toutes les femmes, Créature élevée au-dessus de toutes les créatures, Chef-d'œuvre du Tout-Puissant, qu'il s'associa pour préparer la rédemption du genre humain, Mère du Verbe incarné, Mère de Jésus et notre Mère, de ces sublimes hauteurs où l'éternelle beauté vous revêt de ses plus vives et plus pures splendeurs, abaissez, nous vous en supplions, un regard sur ce sanctuaire qui vous appartient, et sur cette multitude immense dont les longues lignes serrées saluaient tout à l'heure avec tant de transports votre effigie sacrée sur toute cette longue voie triomphale qu'elle vient de parcourir avec nous. Tous les cœurs, ô Marie, tressaillent et palpitent, comme le jeune précurseur de Jésus dans le sein de sa mère, à votre aspect. Si près de cette Image bénie qui, par tous les élans de notre âme et ses plus ardentes aspirations, nous rapproche de vous-même, il nous semble entendre, comme Elisabeth, votre voix, il nous semble voir s'ouvrir votre main si bienfaisante, s'ouvrir votre cœur si clément, et le Ciel même s'ouvrir sur nos têtes pour faire descendre ces paroles du Père, comme sur les rives du Jourdain : « C'est mon Fils, c'est sa Mère ; écoutez-les, suivez-les ; toutes mes complaisances sont sur eux, et par eux descendront sur vous. » Vierge sainte, que cette parole retentisse et s'accomplisse à jamais dans nos âmes ! Vous pouvez tout auprès de Celui qui fait tout ce qu'il veut. Obtenez nous la pratique de tout bien; obtenez-nous, non la délivrance de tout mal; mais la force de lui résister et de le vaincre. La vérité et la vertu, la foi et l'observation des préceptes sont tout ce qu'il nous faut pour atteindre nos immortelles destinées ; le reste n'est que pour le temps et pour le corps. Tendre Mère, vous ne dédaignez cependant pas de veiller même à ces détails secondaires de la vie de ceux qui vous invoquent avec piété. Que de preuves, depuis des siècles, en ont été recueillies en ces lieux ! que de soupirs exaucés ! que de larmes essuyées ! que de souffrances soulagées ! Oh ! veillez toujours, veillez ; et qu'aucun de ceux qui seront venus vous prier ici pour quelque peine ou besoin que ce soit, ne s'en retourne jamais sans consolation.

« Mais vous avez d'autres enfants encore, dispersés par toute la terre, et nous avons avec eux encore une autre mère, la sainte Eglise Catholique. Elle est aujourd'hui dans le deuil. Son chef auguste, Celui qui vous couronne par nos mains, est méconnu, traité en ennemi par des ingrats ; des voix tumultueuses lui crient : « nous ne voulons plus qu'il règne sur nous; il faut qu'il descende et disparaisse; » et des foules irréfléchies ou trompées regardent, sans s'émouvoir, ces scènes du Prétoire qui conduisent au Calvaire. O Marie , soyez l'appui du grand Pontife ; il l'a déclaré devant le monde entier : en Vous, après Dieu, est sa plus ferme espérance. Qu'à votre prière donc , plus efficace que la nôtre, Dieu se lève, et que les complots des méchants soient déjoués. Ou , s'il faut que les souffrances du juste se prolongent, faites au moins qu'à l'exemple du divin Maître et à sa suite, il triomphe par sa Passion même, que la religion des peuples en soit raffermie et le repos du monde rétabli. Protégez en même temps, dirigez d'une manière toute spéciale la France ; la France, votre antique héritage, la nation très-chrétienne, et son souverain, le fils aîné de l'Eglise.

« Reine des Apôtres et des Confesseurs, récompensez aussi ces dignes Pontifes qui sont venus unir ici leurs hommages aux nôtres, leurs vœux à nos vœux, leurs supplications à nos supplications ; récompensez leur zèle selon leurs désirs, en procurant le succès de tout ce qu'ils ont déjà entrepris et de tout ce qu'ils méditent encore pour la gloire de Dieu, pour la vôtre et le salut des âmes qui leur sont confiées.

« Enfin, embrâsez d'une semblable flamme le trop faible serviteur qui, après tous les autres, ô Jésus, ô Marie, vient vous implorer pour lui-même. Vivre et mourir pour Dieu, pour vous, pour ses frères, voir tous ceux-ci heureux, fidèles et bénis, est tout ce qu'il souhaite, tout ce qu'il demande pour le temps et pour l'éternité. »

VI.

Vers la fin de cette allocution, le Pontife s'était prosterné devant l'Image de Marie. Le spectacle portait singulièrement à l'émotion ; le cortège des vicaires généraux et des chanoines, des clercs portant les insignes, groupés des deux côtés dans les galeries, et au milieu l'Evêque à genoux. Le sentiment profond qui faisait trembler sa voix se communiquait à tous les cœurs. La nombreuse assistance s'associait du fond de l'âme aux sentiments exprimés par le pieux Evêque, se consacrait, priait, espérait avec lui.

Il déposa d'abord une Couronne sur la tête de l'Enfant-Jésus, en disant : *Sicuti per manus nostras coronaris in terris, ita et a te gloria et honore coronari mereamur in cœlis*. Puis il plaça le diadême au front de l'antique Statue en disant : *Sicuti per manus nostras coronaris in terris, ita te a Christo gloria et honore coronari mereamur in cœlis*. Les cloches d'Avénières et celles de toutes les églises et chapelles de Laval annoncèrent au loin ce moment solennel. Monseigneur alors bénit l'encens et encensa par trois fois la sainte Image. Il chanta ensuite : ℣. *Corona aurea super caput ejus*. ℟. *Expressa signo sanctitatis*.... ℣. *Coronasti eam, Domine*. ℟. *Et constituisti eam*... et il récita l'oraison. Le chœur des chanteurs et l'orchestre exécutèrent le *Magnificat*. Mgr l'Archevêque de Tours monta alors à l'autel, les Evêques se rangèrent en hémicycle à ses côtés; il chanta les versets et donna la bénédiction à haute voix, tous les pontifes bénissant en même temps que lui les fidèles prosternés.

On retourna à la Cathédrale et la fête se termina par le salut du Très-Saint Sacrement donné solennellement par Mgr l'Archevêque métropolitain.

Il était tard, la cérémonie avait duré cinq heures. Les illuminations éclatèrent partout. Celles de plusieurs maisons particulières étaient vraiment remarquables. L'Hôtel-de-Ville, le soir encore, présentait un ensemble qui attirait tous les regards et obtenait l'approbation de tous.

La foule qui n'avait pu pénétrer dans l'église d'Avénières pendant la journée, y dirigea ses pas jusqu'à une heure avancée de la nuit.

L'octave s'est ensuite célébrée. Moins de pompe extérieure sans doute ; mais quelle vérité de sentiments, quelle énergie de foi ! Chaque jour voyait venir de deux, trois, quatre lieues, et, grâce au chemin de fer, de distances plus grandes encore, des paroisses entières dont les pieux habitants s'arrachaient aux travaux des campagnes pour venir payer leur tribut à notre Reine. La plupart portaient des *ex voto* ; toutes, chantant les louanges de Marie, défilaient en longues lignes dans nos rues, précédées de leurs bannières, et se rendaient à Avénières en édifiant la population de la cité. On peut dire que notre pays que l'on accuse d'apathie s'est ébranlé tout entier. Un curé interroge ses paroissiens du haut de la chaire pour savoir s'il en est beaucoup parmi eux qui veuillent faire le pélerinage ; tous se lèvent sans exception. Un autre curé écrit que dans sa paroisse un prix élevé a été vainement offert à ceux qui voudraient garder la métairie le jour du pélerinage, et qu'il a fallu, pour ne pas laisser tout à l'abandon, avoir recours aux habitants d'une paroisse voisine. La paroisse d'Astillé, sous une pluie battante, défile sans désordre et sans perdre un seul pélerin. Montigné part à cinq heures du matin, se réunit à Ahuillé, vient en lignes, salué par tous les voyageurs qu'il rencontre, et s'en retourne en ordre terminer la belle journée par les exercices du mois de Marie. Nuillé compte dans sa nombreuse procession deux cents personnes à jeun qui veulent communier en présence de leur bonne Mère ; beaucoup d'autres avaient communié avant le départ. Il faudrait nommer toutes les paroisses, chacune aurait un trait touchant à raconter; nous ne connaissons qu'un petit nombre de faits (1). Nous avons vu des mères apporter leurs tout petits enfants; chacun les aidait à son tour à soutenir le précieux fardeau ; elles ne comptaient pas la fatigue, leur enfant aimé allait être offert à la Mère des mères.

Le chapelet était dans toutes les mains. Les Maires, les Conseillers municipaux, les notables de chaque commune se faisaient un honneur de suivre nu-tête leur clergé.

Deux prédicateurs zélés, attachés pour tout le mois de mai à l'église d'Avénières, adressaient tour à tour ou une instruction, à la grand'messe, ou des exhortations à chaque groupe de pélerins. Le P. Lavigne réunit aussi pendant plusieurs jours, autour de la chaire de la Cathédrale, un concours extraordinaire d'auditeurs, avides d'entendre sa parole, et dociles aux appels de sa charité (2).

(1) Les paroisses suivantes, outre celles que nous venons de nommer, ont fait processionnellement leur pélerinage. L'Huisserie, Saint-Cyr-le-Gravelais, Saint-Vénérand, Bonchamps, Saint-Ouën-des-Toits, Notre-Dame de Laval, Forcé, Andouillé, Saint-Berthevin, Grenoux, Entrammes, Montsûrs, Courbeveilles, Changé, Parné, la Madeleine-du-Port-Brillet, Saint-Pierre-la-Cour, la Brulatte, Launay-Villiers, Ruillé-le-Gravelais, le Genest, la Gravelle, Saint-Jean-sur-Mayenne, etc.

(2) Le P. Lavigne, le dernier jour, fit lui-même une quête en descendant de chaire et recueillit plus de onze cents francs.

Le jour de l'octave était réservé pour le pèlerinage de la paroisse de la Cathédrale. Une foule nombreuse l'a suivie. La paroisse offrait un cœur de vermeil ; il a été porté par M. l'archiprêtre , précédé de deux magnifiques cierges qui devaient rester allumés devant l'Image vénérée. L'un d'eux, offert par la paroisse, était tenu par l'un de MM. les vicaires ; l'autre, donné par le Chapitre, était porté par un chanoine Avant la messe, le cœur, béni par Mgr l'Evêque de Laval, a été appendu près de la sainte Image. C'est le dixième déposé à Avénières depuis huit jours. La messe pontificale a été ensuite célébrée solennellement et chantée en musique par un chœur accompagné par l'orchestre. On ne saurait donner trop d'éloges à la bonne volonté parfaite avec laquelle chanteurs et instrumentistes ont prêté en cette circonstance le concours de leur talent. Tout le monde a admiré l'ensemble et le goût avec lequel ont été rendus les morceaux qu'ils ont exécutés.

VII.

Ainsi s'est terminée cette éclatante manifestation. Elle laissera dans nos contrées des souvenirs qui ne s'éteindront pas de longtemps.

Des paroisses, au retour de leur pélerinage, ont exprimé le désir de le renouveler chaque année ; d'autres se sont plaintes de leur éloignement ; d'autres ont gémi de ce que la fin de l'octave, trop tôt venue, ne leur avait pas laissé le temps de se mettre en mouvement.

Le sanctuaire béni n'a pas désempli, et la foule, le jour même de l'Ascension, s'y pressait encore. La paroisse d'Avénières voulait ce jour-là payer à Marie son tribut de reconnaissance pour tous ces jours de gloire et d'honneur qu'elle avait procurés à son humble village. La procession composée des enfants des écoles portant des bannières, de la corporation des tisserands, de celle des laboureurs, de la Confrérie du Rosaire, suivant leurs guidons, se mit en marche pour la petite chapelle d'Hydouze dédiée aussi à Notre-Dame. Des tambours annonçaient son approche ; les femmes s'avançaient alignées sur quatre rangs ; le clergé terminait le cortège, suivi du Maire, du Conseil municipal et de la Fabrique. L'air était ébranlé par de nombreuses détonations. A la rentrée à l'église, M. l'abbé Vincent adressa à la foule une improvisation chaleureuse, et le salut du Très-Saint Sacrement termina la cérémonie, à laquelle plus de deux mille personnes avaient assisté.

De toutes parts sont venus des pélerins voulant satisfaire individuellement leur dévotion. Si toutes les paroisses du Diocèse n'ont pu solennellement témoigner de leur piété pour Marie, on peut penser que presque toutes ont eu, pendant ces jours, au moins quelques représentants dans son église (1).

On ne peut douter que, suivant une belle pensée du P. Lavigne, pareille aux reines de la terre qui marquent par des bienfaits le jour où elles ceignent la couronne, Marie n'accorde à notre contrée des faveurs précieuses. Puisse-t-elle y conserver à jamais l'attachement à la foi, le dévouement à son Fils et à la sainte Eglise !

STÉPHANE COUANIER.

(1) Comme indice de l'affluence qui a eu lieu et de l'importance que chacun a mise à ne pas s'en retourner sans quelque souvenir, nous pouvons dire qu'une seule personne a vendu plus de dix mille médailles. Les médaillons, les images, les notices sur Avénières se sont aussi vendus par milliers.

Laval. — Typographie de H. Godbert.